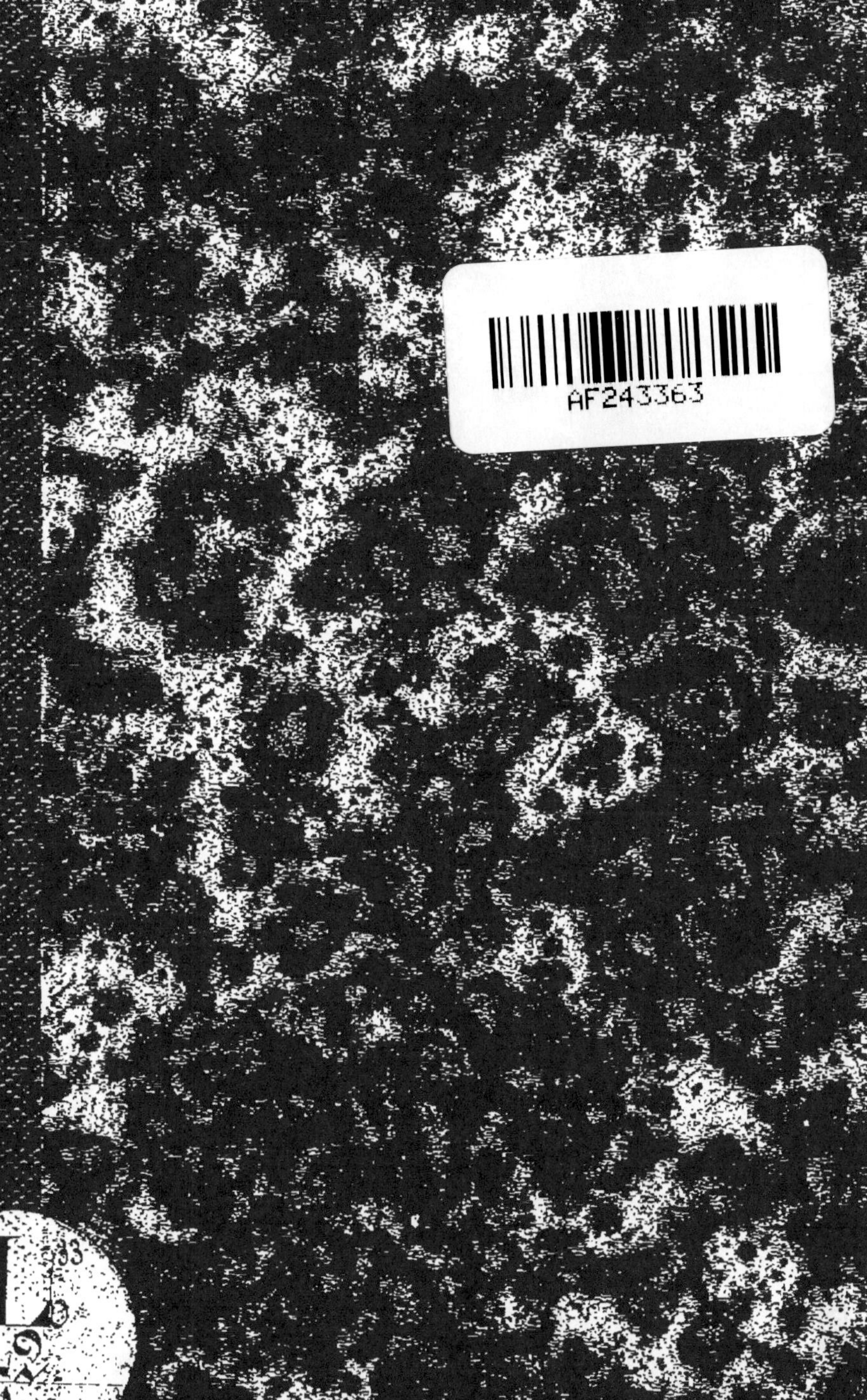
AF243363

APOLOGIE

CONTRE CERTAINES

Calomnies mises sus, à la desfaueur & desauantage de
l'Estat des affaires
de ce Roiau-
me.

A PARIS,

De l'imprimerie de Pierre Leber, rue des
Amandiers, à l'enseigne de la Verité
pres Sainte Geneuieue.

1562.

Apologie contre cer-

TAINES CALOMNIES

mises sus à la desfaueur &
desauantage de l'Estat
des affaires de
ce Roiau-
me.

LA RELIGION est
auiourdhuy assaillie &
combatue par vne infi-
nité d'ennemis, qui par
diuers moiens tendent
à la corrompre, & du tout la subuer-
tir. Ceux qui font profession de la defendre & de la soustenir, y procedent
si lentement, & y apportent des re-
medes si peu conuenables, qu'il sem-

ble, que les vns & les autres foyent
d'accord à laiffer tout perdre & rui-
ner. Et de cela chacun, fil n'eft du
tout ignorant ou abufé de quelque
particuliere paffion, peut facilement
iuger, que l'ire de Dieu eft efpandue
fur toute la Chreftienté : & que par
fon fecret & iufte iugement il a ordonné que nous foions chaftiez pour
noz fautes & celles de noz Peres. Et
de noftre part, nous qui fommes en ce
Roiaume, apres auoir efté vifitez par
beaucoup d'afflictions & aduerfitez,
fommes encores prefentemét trauail-
lez par les troubles qui nous font depuis furuenus. Defquels troubles plufieurs font fpectateurs, comme d'vne
Tragedie : & felon la paffion qui les
conduit, difputent & difcourét de la
fource, & de la caufe de noftre mal, &
de l'iffue que l'on en peut, & doit attédre. Et fuiuat l'exéple des amis de Iob,

en lieu de nous confoler & fecourir,
ils s'arreftent à noter & marquer noz
fautes . Et foubs pretexte de charité,
faifant femblant de deplorer noftre
mifere, difent qu'ils ont grand regret
de veoir ce Peuple François (qui tant
a efté eftimé & honoré, & a fi lógue-
ment conferué fa grandeur, par l'a-
mour, fidelité, & obeiffance qu'il a
rendu à fon Prince) auiourdhuy dif-
famé & accufé d'eftre feditieux, rebelle, & defobeiffant à fon Roy & naturel Seigneur. Ce peuple (difent ils) qui
tant a efté recommandé enuers les e-
ftrangiers, d'auoir toufiours vefcu en
paix & vnion, & de n'auoir oncques
receu aucune nouuelle doctrine, auiourdhuy par la diuerfité des opiniõs,
eft tellement def-vny, & concité d'v-
ne fureur fi grande, que le Pere de-
tefte le fils, le frere fe fepare de fon
frere, le voifin f'efleue contre voifin,

tellement qu'il semble que lon ayt du
tout oublié le droict de cõionction
de sang, & d'amitié, qu'ils doiuét por-
ter les vns aux autres . Et voulans re-
chercher la cause d'vne si grande & si
soudaine mutation, la rapportent partie à la legiereté de ceux , qui si facilemét ont donné lieu aux Heretiques
pour y planter les heresies: partie à la
paresse & à cõniuence des Magistrats
& Ministres de la Iustice . Quelques
vns passent plus oultre , & en termes
couuerts, taxent la Roine de trop de
douceur : & ouuertement accusent le
Roy de Nauarre, Messeigneurs ses freres, & autres Princes du sang, reiettãs
sur eux toute la faute, tout ainsi comme si les troubles n'eussent esté susci-
tez que de ce Regne . En quoy plusieurs principalement les estrangiers,
font grandement deceus. Et quelques
vns à la persuasion de tels discoureurs,

mespriſent noſtre nation, la deteſtent comme ſeditieuſe & rebelle à ſon Seigneur, eſtiment quelque choſe moins de la vigilance de la Roine, blaſment la maniere de gouuerner, reçoiuent facilemēt ce qui leur eſt rapporté, cōtre ceux qui aſſiſtent au conſeil, & iügent de tout ce qu'ils entendent, cōme ſi le mal ne faiſoit que commencer. Et d'autant que telles inuentions calomnieuſes, ne tendent que à diffamer ceux qui ont preſentemēt le maniement des affaires de ce Royaume, & à deſioindre les ſuiets de l'amour, fidelité, & obeiſſance qu'ils doiuent au Roy & à la Roine: & que à faute de bien entendre la verité, ceſte opinion pourroit eſtre tellement receüe en beaucoup de lieux, qu'il ſeroit puis apres malaiſé de la deſraciner. Il m'a ſemblé, comme tres-humble & tres obeiſſant ſuiet & ſeruiteur du R O Y

Monſeigneur , ne deuoir plus laiſſer
tels propos ſans reſponſe, & principalement aux poincts qui ſont les plus
apparens, & ou il y a plus de moien de
calomnier & deſguiſer la verité. Qui
ſont: De la Religion, De la Sedition,
& du gouuernement de ce Roiaume.

QVANT à la Religion. Quelques
vns, qui peut eſtre ſont mal-contens
d’ailleurs (comme il eſt mal-aiſé de ſa-
tisfaire à vn chacun) ſe plaignent de
la diuerſité d’opinions qui ſont par-
my-nous. Diſent que les Heretiques
y ſont fauoriſez & ſouſtenus , & que
lon a diſcontinué les moiens, dont
vſerent les predeceſſeurs Rois, à l’ex-
tirpation des hereſies . Mais ſi faut-il
que ceux qui parlent ainſi, confeſſent
que nous ſommes grandement obli-
gez à Dieu, qui par ſa grace preſerue
ce Roiaume, des opinions meſchãtes

& mõſtrueuſes, qui de noſtre tẽps ont
eſté ſemees en autres lieux & nobles
endroits de la Chreſtiété. Et que la rei-
gle de Foy qui a eſté baillee par Ieſus
Chriſt & ſes Apoſtres, & declaree par
les quatre Conciles generaux, nous a
eſté gardee ferme & entiere, ſans que
perſonne des noſtres ait encores mõ-
ſtré y vouloir contredire. Et eſpere,
que ſil nous a fauoriſez par le paſſé,
encores le fera-il à l'aduenir : ſi bien
que noſtre Roy ne permettra iamais,
qu'il en ſoit mis vn ſeul article en diſ-
pute. Ie ne veux pourtant, ny puis
nier, qu'il n'y ait pluſieurs de ce Roiaume, & en tresgrand nombre, qui ſe
ſont ſeparez pour autres articles, qui
ſont auiourdhuy en controuerſe : &
principalement pour l'adminiſtration
des ſainčts Sacremens, & non pour
l'effect & efficace d'iceux : Tellement
que nous pouuõs dire, qu'il n'y a par-

my-nous que deux opinions , dont
l'vne nous a separez & diuisez. Pour
laquelle opinion (estant receuë comme elle est en Allemaigne, Angleter-
re, Escoce, Poloigne, & autres prouin-
ces de la Chrestienté, (qui plus qui
moins) nous n'en deuons estre blas-
mez ne diffamez, non plus que les autres nations qui sont en pareille cause
que nous. Et qui en voudra iuger sans
passion , il confessera que la maladie
est vniuerselle . Et quoy qu'il tarde, se
descouurira par tout, si les principaux
de la Chrestienté ne recognoissent le
fleau de Dieu, qui est sur tous: & d'vn
commun accord , ils ne procurent
vn bon & certain remede & plus cō-
uenable, que les particuliers, que chacun en son endroict y a voulu appli-
quer. Et quāt à ce qui nous touche, il
nous est assez aisé de verifier, que ceste
diuision n'a commencé, ny a esté des-

couuerte feulement du temps de noftre Roy . Et fi ceux là qui en parlent, font femblant de l'auoir oublié:
il ne fe faut aider pour les conuain-
cre, que des edicts des feus Rois François & Henry , tous deux de grande
& recommandable memoire . Defquels Edicts , pour obuier à la proli-
xité, il me fuffira d'en rapporter en ce
lieu, partie de celuy du feu Roy Henry, donné à Chafteaubriant , le xxvij.
de Iuin 1551, contenant telles paroles.

CHACVN a peu veoir le bon &
loüable deuoir , que le feu Roy noftre treshonoré Seigneur & Pere, que
Dieu abfolue , a fait ordinairement
durant fon viuant, comme Treschre-
ftien & Trescatholique Prince , pour
extirper les erreurs , & faulfes doctrines qui pulluloient côtre noftre fain-
te foy ou Religion Chreftienne : à ce
qu'elles n'euffent plus lieu en ce Roi-

» aume, faisant sur ce plusieurs Ordon-
» nances & Edicts, selon la varieté &
» exigence du temps & des cas qui s'of-
» froient. Et peu apres, toutesfois cela
» n'a pas grandement profité : car de
» iour en iour, & d'heure à autre, quel-
» que peine, diligence & vigilance, dót
» nostredict Seigneur & Pere ayt sceu
» vser en cest endroit, ou il a fait tout
» son possible, lon a veu & voit conti-
» nuer & croistre tant secrettement que
» ouuertement lesdits erreurs : de sorte
» qu'ils se sont reduits en vne commu-
» ne maladie de peste si contagieuse,
» qu'elle a infecté & cōtaminé en beau-
» coup de bonnes villes, & autres lieux
» & endroicts de nostre Roiaume, la
» pluspart des habitans, hōmes & fem-
» mes de toutes qualitez, & iusques aux
» petits enfans qui sont nourris & ap-
» pastez de ce venin, à nostre tresgrand
» regret, ennuy & desplaisir. Par cest

Edict chacun pourra veoir, que de ce
.temps là, l'opinion dont est question,
estoit receüe de personnes de toute
qualité : & mesmes iusques aux petits
enfans. Et ne se faut point esbahir, si
ceux qui l'ont receüe ont multiplié
quelques moiens que lon ait peu in-
uenter pour les dechasser. Et combien
que en ceste ordonnâce il y eust qua-
rantesix articles, côtenans tout ce qui
pouuoit seruir, à garder que ceste doctrine ne fust receüe: toutesfois les E-
dicts qui ont depuis esté faicts, & sin-
gulierement celuy de l'an mil cinq cés
cinquantesept , monstrent que la diligence du Prince, le labeur de ses Ministres , l'execution des peines tant
rigoreuses, n'ont peu empescher que
ce qui auoit prins commencement,
n'ait d'vn iour à autre , continué &
augmenté. Cela est plus que veritable,
dira celuy qui veult trouuer quelque

chofe à reprendre : mais telle maniere de gens fe font plus librement def-
couuerts de ce Regne, ayans veu cef-
fer les moiens qui ia auoient efté pra-
tiquez fur ce fait par les predeceffeurs
Rois, lefquels à la verité, f'y font trouuez grandement empefchez, & par diuers moiens ont effaié d'abolir la memoire de ces opinions. Et le plus fou-
uent ont vfé d'vne grande feuerité,
eftimans que c'eftoit le fouuerain remede & le plus conuenable : Ainfi
qu'il fe peut veoir par les Edicts du feu
Roy Fráçois premier des annees 1534,
40 & 42. Auquel temps il y eut pour
cefte doctrine tant de fang efpandu,
& auecques telle conftance, que ceux
qui viendront apres nous feront difficulté de le croire. Ce mefme chemin
fut fuiuy par le feu Roy Henry. Et
combien que de fon naturel il fuft fi
bon & fi pitoyable qu'il ne veift onc-

ques vn de ſes ſuiets ennuié,qu'il n'ait
eſſaié de le conſoler : Toutesfois en
cecy, pour la crainte qu'il auoit de
faillir, & à la perſuaſion de ceux qui
eſtoient à l'entour de luy,ſ'eſt monſtré
grandement ſeuere & rigoreux,telle-
ment que de ſon temps,& ſuiuant ſes
Edicts des annees 51 & 57,furét bruſlez vne infinité de ſes ſuiets. Telles &
plus grandes executions furent faites
durant le Regne du feu Roy François
dernier decedé, que D I E V abſolue.
Soubs le nom & authorité duquel furent en 15 mois publiez ſur ce fait pluſieurs edicts,adiouſtans peines ſur peines, contre les infracteurs de ſes Ordonnances. Et fut commandé à la
Cour de Parlement de vaquer toutes
choſes delaiſſees,à faire & parfaire les
proces de ceux, qui ſe trouueroyent
preuenus d'hereſie.Et ſingulierement
de Bourg & autres Conſeillers qui e-

ſtoient pour lors detenus priſonniers.
Et fut ledit Seigneur en ceſt endroict
ſi promptement obey, qu'en moins de
trois mois, en la ville de Paris, de Tho-
loſe, & autres de ce Roiaume, furent
bruſlez de deux à trois cés perſonnes,
tant hommes que femmes. Or i'ac-
corde bien que la Roine, par pluſieurs
ſainctes & recommandables conſide-
rations, n'a voulu permettre que noſtre Roy ait cómencé ſon Regne, par
l'effuſion de ſang de ſes ſuiets, & a
ſaigement & chreſtiennement iugé,
qu'il ny a riens plus dangereux, que
d'accouſtumer vn ieune Prince, à ces
executions rigoreuſes, auant que de
l'auoir fait inſtruire, que ceſt que de la
iuſtice & de la miſericorde, comment
il doit vſer de l'vne & de l'autre, ſelon
l'exigence des cas qui ſe preſentent,
& ſelon l'ordonnance & volonté de
Dieu. Et ſi quelqu'vn eſt d'auis, que
ceſte

ceste raison ne doibt auoir lieu en affaire d'importance, comme est cestuy cy qui requiert que lon passe par dessus tous respects & toutes considerations, & qu'vn Prince en cela ne pourroit estre par trop seuere & rigoreux. Que dira-il à Theodose, Empereur Treschrestien, lequel fit plusieurs Ordonnances contre les Arriens, Macedoniens & autres Heretiques, & toutesfois ne voulut oncques les executer: estimant qu'il estoit trop plus cóuenable à vn Prince d'attirer ses suiets par amour & par menaces, si besoing en estoit, que d'y proceder par force & par executions, & peines de mort. Que pourra lon dire contre l'Empereur Charles cinquiéme, Prince certainemét digne d'estre comparé auec les plus grans & anciens Empereurs. Et toutesfois apres auoir longuement vsé de la rigueur, iusques à

ny efpargner fa propre vie pour affu-
iettir ceux qui ne luy vouloient en
ceft endroict obeir , il recogneut que
ce moyen ne pouuoit tant feruir qu'il
euft voulu à la paix & à la reünion de
l'Eglife. Mais pour ne chercher des exẽ
ples hors de noftre Roiaume, la Roine ne pouuoit mieux faire que de reduire en memoire, & examiner ce que
du paffé eftoit venu à fa cognoiffan-
ce . Le Roy François, Prince Catholique, magnanime, & de cueur fi grãd,
que chofe de ce móde, ne la fceu vaincre ny intimider: toutesfois l'experiẽ-
ce le contraignit de cognoiftre & de
confeffer, que le deffeing qu'il auoit
mis fur la force & la feuerité, à extirper les herefies, ne luy auoit rien profité. Et pour cefte caufe accorda pardon general, à tous ceux qui voudroiét
reuenir à l'vnion de l'Eglife . Le Roy
Henry, Prince fage, auifé & courageux

comme l'on peut iuger par les entre-
prinses qu'il a faites, Prince si resolu à
conseruer la Religion selon qu'il l'a-
uoit trouuee, que en cela il a forcé son
naturel (qui estoit d'estre pitoyable à
l'endroict d'vn chacun,) & a sur ceste
querelle fait mourir vne infinité de
personnes, & toutesfois l'experience
l'a contraint ainsi que son Pere, de recourir à la clemence & doulceur.
Mais pour ramener vn exemple encores plus conuenable que tous les autres, i'appelleray à garands, ceux soubs
l'autorité desquels estoit gouuerné le
Roiaume du Roy dernier decedé. Lesquels apres auoir fait publier les Ordonnances cy dessus mentionnees, a-
pres auoir excité par lettres patentes
& par lettres missiues la diligence des
Iuges, à bien & rigoreusement les en-
tretenir, recognurent puis apres que
ce moyen n'estoit conuenable, ny au

temps, ny à la matiere, ny au naturel,
& à l'aage d'vn ieune Roy, ainſi qu'il
appert par l'Edict donné à Amboiſe
au mois de Mars 1559, contenant telles
paroles.

,,   A V M O I E N dequoy, nous auons
,, eſté contraints par le deuoir de noſtre
,, function Roialle, faire proceder par
,, la rigueur de iuſtice & de noz ordõ-
,, nances, tant contre ceux, qui des le
,, temps de feu noſtre treshonoré Sei-
,, gneur & Pere, auroyent eſté apprehẽ-
,, dez par iuſtice pour le faict de la Re-
,, ligion, que autres, qui depuis ſe ſe-
,, roient trouuez chargez d'eſtre Sacra-
,, mentaires, ou ſouſtenir obſtinément
,, doctrines reprouuees, Deſquels ont e-
,, ſté faites iuſques à huy pluſieurs & di-
,, uerſes punitions ſelon l'exigence des
,, cas: & dautant que par les proces ſur
,, ce faicts, ſe cognoiſt que grand nom-
,, bre de perſonnes de tous ſexes, aages,

,, qualitez & vacations se sont cy deuāt
,, trouuez es Cenes & Baptesmes, qui
,, se sont faits en nostre Roiaume, à l'v-
,, sage de Genéue, & autre grand nom-
,, bre s'est trouué aux sermons, qui en
,, assemblees illicites se sont faits par les
,, Predicans de Genéue, & autres non
,, ayans pouuoir de prescher. De tous
,, lesquels si lon venoit y faire la puni-
,, tion, selon la rigueur de droict & de
,, noz ordónances, seroit faite vne mer-
,, ueilleuse effusion de sang d'hommes,
,, femmes, filles, ieunes gens constituez
,, en fleur d'adolescence, dont les aucūs
,, par inductions & subornatiōs, autres
,, par simplicité & ignorance, & autres
,, par curiosité plus que par malice, sont
,, tombez en tels erreurs & incōueniēs.
,, Chose, si cela auenoit, qui nous tour-
,, neroit à perpetuel regret & desplaisir,
,, & seroit contre nostre naturel, & non
,, conuenable à nostre aage. Lesquels

„ nous inuitent & incitét d'vſer en ceſt
„ endroict de clemence & miſericorde.
„ Sçauoir faiſons que ceſte matiere meu
„ rement deliberee par les deſſuſdits en
„ noſtre preſence, ne voulãs que le pre-
„ mier an de noſtre Regne ſoit à l'aue-
„ nir remarqué par la poſterité, comme
„ ſanglant & plein de ſupplices de la
„ mort de noz pauures ſuiets, poſé ores
„ qu'ils les euſſent bien meritez. Ains à
„ l'exemple du Pere celeſte, eſpargner le
„ ſang de noſtre peuple, & ramener
„ noz ſuiets à la voye de ſalut, & conſer-
„ uer leurs vies: eſperans moyennant la
„ grace de Dieu, tirer plus de fruict par
„ la voye de miſericorde, que par la ri-
„ gueur des ſupplices. Auons par l'auis
„ & deliberation des deſſuſdits, dit, ſta-
„ tué & ordonné, que pour raiſon des
„ crimes & cas quelsconques concer-
„ nans le fait de la Foy & Religion, ne
„ ſera faite cy apres par noz Iuges (pour

,, le regard du paſſé) aucune queſtion à
,, noz ſuiets , de quelque qualité qu'ils
,, ſoient,en iugement ne hors iugemét.
,, Defendans tres-expreſſement à tous,
,, de ne ſe reprocher aucune choſe du
,, paſſé,quant au fait de la Religion,ſus
,, peine d'en eſtre punis ſelon l'exigen-
,, ce du cas. De tous leſquels crimes &
,, cas concernans le fait de la Foy & Re-
,, ligion : Nous auons par ces preſentes
,, fait pardon,remiſſion & abolition ge-
,, nerale de tout le paſſé,à tous noz ſu-
,, iets , ſans qu'ils ſoient tenus prendre
,, autre pardon , ny remiſſion ſpeciale
,, de nous. Et ce qui ſenſuit.Et au deſ-
,, ſous :Par le Roy, eſtant en ſon con-
,, ſeil:auquel eſtoient Meſſieurs les Car-
,, dinaux,de Bourbon,de Lorraine,& de
,, Chaſtillon.Les Ducs de Môpenſier,
,, De Guiſe,de Niuernois & Daumalle.
,, Vous les Seigneurs de Sainct André
,, Mareſchal, & de Chaſtillon Amiral

de France, & autres preſens . Or qui
ſera donc celuy, ſi le mal ne luy tient
d'ailleurs que de la Religion, qui oſe-
ra dire , que la Roine deuoit conſeil-
ler à noſtre ieune Roy, moindre d'aage, que n'eſtoit le feu Roy ſon frere,
de commencer ſon Regne par l'effuſion de ſang , puis que les plus grans
perſonnages de ce Roiaume auoient
ia recognu & iugé , que cela n'eſtoit
cóuenable à l'aage, ny au naturel d'vn
ieune Prince : Attendu meſmement
qu'elle a veu & cognu à l'œil, & l'ex-
periéce le nous móſtre tous les iours,
que les cendres d'vn qui a eſté bruſlé,
en ont ſuſcité vne infinité d'autres,
de meſme opinion, & de pareille có-
ſtance. Quel beſoin eſt-il de faire mou
rir vn homme , puis que l'effuſion de
ſon ſang ne peut ſeruir d'exemple, ny
à reduire ceux , qui ſont en pareille
cauſe? mais plutoſt (& nous l'auós veu

trop souuent)la mort d'vn seul asseu-
re & cõfirme tous ses semblables, cõ-
uie & attire les autres à vouloir enté-
dre que ceft de ceste opinion qui réd
les hommes si fermes & si constans,
qu'ils mesprisent l'opprobre, la hon-
te, le feu & le tourment de la mort?
Et ainsi au lieu de les extirper & intimider, leur doctrine est par ce moyen
plus authorisee, & le nombre de ceux
qui la reçoiuent, croist & augmente
tous les iours. A quelle fin veult on
requerir que le moien de la rigueur &
de l'effusion de sang soit remis sus &
executé? Puis que les Rois sages &
bien conseillez: & mesmes le conseil
du dernier decedé, ont declaré que
ce moien n'auoit peu aucunement
profiter. S'il ne profite, il est certain
qu'il peut nuire & apporter beaucoup
de dommage, quand ce ne seroit que
la perte des hômes & les seditions qui

en pourroiét auenir, côme par mefme occafiõ lon en a veu depuis deux ans. Il ne fe faut donc point efbahir, fi la Roine f'aidant des chofes paffees, n'a voulu continuer les peines & la rigueur de la iuftice, craignant que l'iffue luy fuccedáft auffi peu heureufement, comme elle à fait aux predeceffeurs Rois, côbien que leur zele procedaft de bonne intention. Et quand bien elle n'euft point voulu reigler fa volonté, felon ce qu'elle a peu iuger par les chofes paffees, & pour quelque refpect elle euft voulu eftre auffi rigoreufe, comme quelqués vns la defirét: elle euft trouué des empefchemens fi grans, que les meilleurs entendemés plus clair-voians & plus auifez de la Chreftienté, feroient bien empefchez à trouuer les moiens de f'en demefler. Car le nombre de ceux qui ouuertement fe declarent fectateurs de cefte

Religion, n'eſt pas moindre que de
trois à quatre cens mil, outre ceux-là,
qui pour quelques occaſiõs ne ſe ſont
encores deſcouuerts. Et ſont tellemẽt
conioincts & vnis enſemble, ſi fermes
& ſi conſtans en leur opinion, que
nul d'entre-eux, ne fait difficulté de
perdre ſes biens, & de mourir pluſtoſt,
que de changer & ſe departir de la doctrine qu'ils ont ia receuë. Parquoy
qui voudroit les auoir par force, il
faudroit les faire tous mourir : autrement celuy qui reſteroit en vie auec
les cendres des morts, en feroit reſſuſ-
ſiter d'autres. Et quand bien cela ſeroit conclud & arreſté, il feroit fort
malaiſé de trouuer autãt de force qu'il
conuiendroit pour vaincre vn ſi grãd
nombre de gés. Si lon la vouloit pré-
dre parmy nous-meſmes, ce ſeroit vn
beau ſpectacle, que de voir les ſuiets
d'vn Roy & d'vne meſme ſague, cou-

rir fus les vns aux autres, & fe mettre
fi bas , qu'en peu de temps ce Roiaume feroit la proye de celuy qui le vou
droit cõquerir. Si ceft des eftrangiers
que lon fe voufift aider à faire ces exe-
cutiõs, qui eft celuy qui l'oferoit mettre en auant fans fe monftrer infidele
& ennemy à fon Roy & à fa nation?
Appellera on les eftrangiers à compo-
fer noz differens , pour leur bailler la
place de ceux qui auroient efté vain-
cus, & tenir foubs les pieds, celuy qui
auroit le nom de vainqueur? La guerre d'Efcoffe fut commencee (ce difoit
on) pour cõferuer la Religion, & fous
l'efperance de l'aide & du fecours des
eftrãgiers, defquels lon fe promettoit,
peult eftre beaucoup auãt que d'auoir
entendu leur volonté. Le zele de cõferuer la Religiõ & l'efperãce que lon
auoit cõceüe d'ailleurs que de noz for
ces, mirent ledit Roiaume, en danger

de changer de maistre, & le nostre en
peine de le secourir & de no⁹ remettre
en la guerre, qui sans remede de paix
dureroit encores. Mais reuenãt à la for
ce qui nous seroit necessaire, quãd biē
elle seroit trouuee, ou ailleurs, ou parmy nous-mesmes, & qu'elle seroit telle que lon n'eust occasion de s'en de-
fier, encores faudroit-il cōuenir de celuy qui seroit chef de l'entreprinse. Et
ie ne sçay s'il y a pas vn des grans de ce
Roiaume, encores que lon se fust ac-
cordé en sa persóne, qui s'en osast char
ger, voyant ce que telle chose tire a-
pres soy de perilleuse cōsequēce, & ce
qui en depend d'incertain euenemēt.
Et si seroit à craindre que le pretexte
de la Religion, ne seruist de couuertu-
re à d'autres entreprises. Mais quand
biē il y auroit remede à toutes ces dif-
ficultez, qui est celuy, tant soit il fol
& insensé, qui vueille estre autheur,

ou conseiller d'vn si piteux spectacle?
Qui sera celuy qui au temps ou nous
sommes voudra conseiller de mettre
la guerre parmy nous-mesmes, si ce
n'est celuy qui s'en voudra seruir à
quelque meschât & malheureux des-
seing? Et de fait l'issue qui auiendroit
de ce conseil est si descouuerte, qu'il
ny a personne qui l'ose mettre en a-
uant. Mais au contraire, si le faict est
proposé & mis en deliberation, en
quelque lieu que ce soit, il ny a celuy
qui ne face semblât de detester l'effusion de sang, & die qu'il s'en faut bien
garder, & toutesfois ils persistent qu'il
faut abolir telle maniere de gens, &
que c'est mal fait de les endurer. Et
quand lon replique par quel moien
lon les pourroit dechasser, les vns re-
spondent par signes sans sonner mot,
les autres disent qu'il seroit aisé, pourueu que lon fust d'accord, sans toutes-

fois se vouloir declarer, plus auant.
Quelques-vns diset qu'il faudroit faire mourir tous les Predicans. Mais ils
ne sçauent pas que le moindre de ceste secte, auec-ce peu qu'il a appris, &
auec les liures qui l'instruisent, seruira
à vn besoin de Ministre. Autres diset,
que faisant mourir les Chefs, & ceux
qui sont les principaux de leur Religion, tout le reste se reduiroit incon-
tinent, ainsi que lon a veu auenir en
la sedition de Xaintonge & Bourde-
lois. Mais ils ne considerent pas, que
ceux qui prennent les armes, & se re-
bellent contre leur Prince, au temps
mesmes qu'ils sont plus seditieux, co-
gnoissent en leur conscience leur faute. De côtraire opinion sont ceux-cy,
dont est presentement question : car
tant s'en faut qu'ils pensent mal-faire,
qu'ils ne voudroient (comme ils diset)
pour rien offenser personne, ny con-

treuenir au deuoir de bons & fideles
suiets contte leur Roy & naturel Seigneur. De sorte qu'estans condamnez
à mort, ils estiment que ce soit à tort,
& la prennent volontiers, tant ils cui-
dent estre asseurez de leur bonne cause. Il ne faut donc plus esperer, que
quand les Chefs seroiét morts, il soit
aise de ramener les autres, qui se mó-
strent le plus souuent plus fermes &
constans que leurs conducteurs. Et
l'experience le nous a ainsi appris, car
s'il estoit autrement, la mort de tant
de Chefs du temps des predecesseurs
Rois, eust intimidé ceux qui depuis
n'ont fait difficulté de mourir, non
plus que ceux qui les auoiét instruits
& enseignez. Et en fin tout le monde
crie qu'il y faut remedier, mais quand
ce vient à particularifer les moiens,
que lon pourroit prendre pour reünir
ce qui est tant diuisé, chacun en parle

&

& difcourt felon fa fantafie, fans y apporter autre chofe, finon que cecy ne peut pas demeurer ainfi. Ce que la Roine, recognoift & confeffe, & defire quelon luy monftre quelque bon & feur moien pour fortir de cefte difficulté. Et ce pendant il ne fe peut dire, qu'en ceft affaire & tout autre, elle n'ait vfé de toute la prudence & vigilance qui conuient à vne faige, vertueufe & Catholique Princeffe. Car dés le commencement qu'elle prinft le gouuernement de ce Roiaume, la plus grand' part de la Nobleffe, & le tiers Eftat luy prefenterent vne Requefte: & luy fupplierent tres-humblement vouloir accorder vn Temple, à ceux de ladicte Religion. Et prenoient pour fondement de leur Requefte, la crainte qu'ils auoient, que puis qu'il n'eftoit poffible de reprimer vne fi grande multitude, & les

empefcher qu'ils ne f'affemblaffent,
au-moins en lieux cachez & occul-
tes, quelques-vns faifans femblant
d'eftre des leurs apportaffent d'autres
mefchantes & nouuelles doctrines,
qui n'ont efté encores parmy nous
entendues. Et fi quelqu'vn trouue
eftrãge que les Nobles & autres, ayét
ofé entreprendre de fe declarer fi a-
uant, & de requerir que lon leur bail-
laft Téple, qu'il life l'Edit d'Amboife,
& il verra les caufes, qui meurent le
feu Roy François dernier, de donner acces aufdits fupplians, pour venir vers fa Maiefté faire leurs remon-
ftrances. Et fuiuant cefte permiffion,
qui ia auoit efté publiee, fut ladite requefte prefentee, & encores qu'ils al-
legaffent beaucoup de chofes dignes
de confideration, & que ce qui eft
prefenté par les Eftats, ne doit eftre
facilemét reietté: Si eft-ce que la Roi-

ne ne voulut confentir aucun chan-
gement, ny accorder ce dont ſi inſtã-
ment elle auoit eſté requiſe : mais au
contraire feit defendre les aſſemblees:
ordonna que l'Edict de Remorantin
feroit entretenu en ſa force & vigueur.
Et au meſme temps ſupplia le Pape
de pourueoir à ce grand beſoin, qui
eſt commun à toute la Chreſtienté,
par vn Concile general, ou par autre
moyen qu'il pourroit auiſer. Et peu a-
pres aſſembla la Court de Parlement
auec le Roy de Nauarre , & Meſſei-
gneurs les Princes du ſang, & autres
gens du conſeil du Roy . Et ſuiuant
ce qui fut en ceſte grande & notable
compaignie auiſé , feit appeller les
Prelats de ce Roiaume, au-moins vne
grande partie , pour leur demander
conſeil & aduis ſur ceſt affaire . Et
combien que ceſte aſſemblée ait eſté
faite auecques bonnes & neceſſaires

C ij

cauſes. Toutesfois il y en a quelques
vns,& peut eſtre ceux-là meſmes qui
l'auoient conſeillee,qui en parlent en
diuerſes façons. Diſent que ores que
lon puiſſe eſperer vn grand fruiɔt d'v-
ne telle compaignie , toutesfois il ny
auoit point de propos de l'appeller au
temps que les Prelats des païs circon-
uoiſins ſaſſembloient pour aller au
Concile general.Et pour leur reſpon-
dre:il m'a ſemblé eſtre neceſſaire qu'vn
chacun entende qui a eſté l'autheur
de ce conſeil,& à quelle fin,& ce qui
ſen eſt enſuiuy.Surquoy il vient à no
ter que ceux qui auoient le manimét
des affaires du Roiaume , viuant le
feu Roi François dernier , aians cognu que pour la ſeuerité des loix &
des executions rigoreuſes, ny pareillement pour la clemence & douceur
ils n'auoyent peu trouuer certain
moien pour appaiſer les troubles : fu-

rent d'auis d'affembler auec le con-
feil du Roy, vn nombre de grans Seigneurs, de Cheualiers de l'ordre & autres pour regarder par enfemble ce
qu'il conuiendroit faire, & en quelle maniere le Roy pourroit eftre o-
bey, mieux qu'il n'auoit efté par le
paffé. Tous ces grans perfonnages
d'vn commun accord, à Fontaine-
bleau, le vingtcinquiéme d'Aouft, mil
cinq cens foixante, furent d'auis de
faire vne affemblee de Prelats à certain iour, & d'autres bons & nota-
bles perfonnages en fçauoir & en ver-
tu. En laquelle affemblee feroient receus tous ceux qui voudroient y venir, pour remonftrer quelque chofe
concernant le faict de la Religion :
ainfi que plus à plain eft contenu par
les lettres patentes, qui fur ce furent
expediees & publiees. Or fut ce dernier deffeing interrompu par la mort

du feu Roy François, & pour autres
occasions, qui depuis suruindrent. Et
d'autant que le mal continuoit tous
les iours, & que la necessité pressoit
la Roine de recourir au remede , qui
ia auoit esté trouué bon & arresté: fut
le premier auis confirmé de nouueau,
par la compaignie assemblee en la
Court de Parlement de Paris, ou in-
teruindrent le Roy de Nauarre, Messeigneurs les Princes du sang, & Messeigneurs les Cardinaux de Bourbon,
de Lorraine, de Tornon, de Chastil-
lon, & de Guise. Et de plus fut dit,
qu'il seroit baillé sauf-conduit aux
Ministres de ladite Religion , pour
venir seurement , & estre ouïs sur la
confession de leur foy : afin d'essaier
s'il y auroit ordre de les ramener &
reduire, ou pour le moins de les con-
uaincre par la parole de Dieu , selon
qu'elle auoit esté exposee par les Do-

cteurs des premiers cinq cens ans a-
pres noſtre Seigneur. A ce dernier
article inclinerent tous, d'autant plus
volontiers, que vn grand perſonnage
d'entre-eux, & pour le ſçauoir qu'il a,
& pour la grace que Dieu luy a donnee, de ſe ſçauoir bien exprimer, pro-
mettroit & aſſeuroit, de vaincre leſ-
dits Miniſtres, par les ſuſdites armes,
& n'en vouloit point vſer d'autres, ſi
tant eſtoit, que lon ne les peuſt gai-
gner & reünir auecques nous, comme chacun deuoit deſirer. Or la
Roine pleine d'eſperance, pour l'of-
fre qui auoit eſté faite, accorda volontiers (& ne pouuoit faire autrement) ce qui ia auoit eſté iugé bon &
profitable, par deux ſi grandes & ſi
honorables compaignies. Et ſçachant
bien que les Eſtats, qui ſe deuoient
tenir au mois d'Aouſt, la preſſeroient
de nouueau de bailler les Temples,

que lon luy auoit ia demandez , sui-
uant la premiere requeste, qui luy a-
uoit esté presentee à Orleans, ne voulut perdre temps, & feit appeller Mes-
sieurs les Euesques , qui depuis vin-
drent à Poissy : ausquels le Roy & par
luy-mesme, & par Monsieur le Chá-
celier leur exposa la cause qui-l'auoit
meu de les assembler. Leur remonstra
que ses predecesseurs & luy auoient es-
saié par tous moiés, tant de force que
de douceur, à reünir son peuple, qui est
si miserablement diuisé par la diuersité des opinions, & que l'vn & l'autre
dessein n'auoit que bien peu profité ,
tellement qu'a la diuision qui ia long
temps estoit commencee, estoit encores suruenue vne inimitié capitale entre ses suiets , de laquelle si Dieu ny
donnoit quelque prompt & bref remede , lon ne pouuoit attendre que
entiere ruine & subuersion de cest e-

ſtat. Et pour ceſte cauſe, ſuiuant ce
que les anciens Rois auoient fait, ſe
trouuans en pareille neceſſité, il les
auoit appellez pour leur communi-
quer le beſoin qu'il auoit d'eſtre en
ceſt affaire conſeillé & ſecouru. Les
priant autant qu'il luy eſtoit poſſi-
ble, d'auiſer auant toutes choſes, comment lon pourroit appaiſer D I E V,
qui certainemét eſt irrité contre nous,
& en quelle maniere lon pourroit
oſter & defraciner tout ce qui la cour-
roucé & offenſé. Et ſ'il eſtoit trouué qu'en la maniere de le ſeruir, par
la pareſſe & auarice de ceux, qui
en ont eu la charge, euſſent eſté in-
troduicts quelques abus contre ſa parole, contre l'Ordonnance de ſes
Apoſtres, & des anciennes con-
ſtitutions de l'Egliſe : il leur prioit,
d'autant que leur authorité ſe pouuoit eſtendre, y vouloir mettre

la main ſi auant, que leurs ennemis
perdiſſent l'occaſion qu'ils ont prin-
ſe de meſdire d'eux, & diſtraire le peuple de leur obeiſſance. Qu'ils regar-
daſſent auſſi tout ce qui pouuoit re-
former, & leur vie, & l'adminiſtration
de leur charge. Et d'autant que la diuerſité des opinions, eſt le principal
fondement des troubles & ſeditions,
il auoit ſuiuant ce que ia auoit eſté
arreſté par les deux aſſemblees, accor-
dé vn ſauf-conduit aux Miniſtres de
ladite ſecte, eſperant que vne confe-
rence auecques eux amiable & gra-
tieuſe, pourroit grandement profiter.
Et pour ceſte cauſe il prioit toute la
compaignie, de les receuoir comme
le Pere reçoit les enfans, & prendre
la peine de les endoctriner & inſtruire. Et ſ'il aduenoit le contraire de ce
qu'il auoit eſperé, & qu'il ny euſt moïé
de les reduire, ny de nous reünir: pour

le moins ne pourroit-on dire cy a-
pres, comme l'on a fait par le passé,
qu'ils ayent esté condamnez, sans les
ouïr. Et de ceste dispute bien & fide-
lement recueillie d'vne part & d'autre, la faisant publier par tout le Roiaume, telle quelle auroit esté faite : le
peuple pourroit comprendre qu'auec
bonnes, iustes & certaines raisons, &
non par force ny par authorité, ceste
doctrine auroit esté reprouuee & có-
damnee. Et sur la fin promettoit sa
Maiesté, que comme ses predecesseurs
Rois l'auoient esté, aussi seroit-il en
tout & par tout protecteur & defenseur de son Eglise.
Voila le sommaire de ce qui fut proposé, tant par le Roy, que par Monsieur le Chancelier, & dont i'ay voulu faire mention : afin que ceux qui
n'ont point assisté à la proposition,
entédent à quelle fin ceste assemblee

a esté faite. Et aussi pour respondre à
vn imposteur deshonté & ignorant,
qui a songé vne harangue, & puis la
faite imprimer au nom dudit Seigneur
Chancelier. La conuocation donc-
ques a esté faite par l'auis & conseil
des plus grans hommes de ce Roiaume. La fin ou elle tendoit, ne peut
estre dicte que bonne, saincte, loüable & necessaire au temps ou nous
sommes. Et si quelqu'vn estime qu'elle n'estoit à propos, attendu l'indi-
ction du Concile general, cestuy-la
se monstrera maling ou ignorant des
affaires, ausquels nous sommes presentement, qui sont tels qu'ils ne reçoiuent aucune dilation pour y remedier. Et pareillement condamne-
ra la memoire de l'Empereur Charles cinquiéme, qui de son temps & à
mesme fin a fait des Diettes, ou se

ſont trouuez la plus part des ſçauans
hommes d'Allemaigne, tant d'vne
Religion que d'autre. Et quant à l'iſ-
ſue de l'aſſemblee, elle a eſté telle,
que Meſſieurs les Eueſques, apres y
auoir eſté trois mois, & auoir ouy
vne fois publiquement les Miniſtres,
dont cy deſſus eſt faite mention, &
deux fois en chambre, ſe ſont departis & retirez en la maniere que chacun à peu veoir & entendre. Tellement que voyant la Roine, que d'v-
ne part ny d'autre, ne luy eſt preſenté aucun moien de pourueoir à ceſte
grande & notable neceſſité : elle a e-
ſté contrainte d'appeller encores vne
autre compaignie tiree de tous les
Parlemens, eſperant que D I E V
par ſa bonté & clemence conduira
la bonne intention qu'il luy a donnee, & ſe monſtrera luy ſeul, le

protecteur & defenseur de noſtre ieune Roy . Et entre tant de bons perſonnages,ſuſcitera quelqu'vn, duquel
il ſe ſeruira comme de Miniſtre,pour
monſtrer le chemin, qu'il faut prendre,pour tenir noſtre peuple en paix,
vnion & tranquillité. Ceux-là donc
qui ſont les zelateurs de la Foy, & ſe
plaignent que depuis ce Regne tout
eſt gaſté,qu'ils parlent ouuertement,
& qu'ils monſtrent en quoy l'on a vſé
de conniuence ou diſſimulation.S'ils
demandent l'effuſion de ſang,ceux-là
meſmes , qui long temps a,ont conſeillé les autres Rois, & ſingulieremét
le dernier decedé, & ſont encores du
conſeil de ceſtuy-cy, ont iugé que la
rigueur n'eſt conuenable à l'aage d'vn
ieune Roy:& qu'il ne faut faire choſe
pour laquelle ſon aduenement à la
couronne ſoit marqué par la poſterité d'eſtre ſanglant & plein de ſuppli-

ces de la mort de ses suiets. Et si de ce
téps là il fut auisé que ceste maniere
de proceder, pouuoit plus nuire que
profiter, d'aurāt plus seroit-elle main-
tenāt pernicieuse & difficile à executer, que le nóbre de ceux que lon voudroit chastier, est augmété & augméte
tous les iours. Si lon desire que ce fait
soit gouuerné par le conseil & aduis
de quelques grans personnages, Se-
culiers ou Ecclesiastiques : la Roine y
a tresbien & saigement pourueu, par
les deux assemblees, qui ia ont esté faites, & par la tierce qu'elle espere faire
à ce mois de Ianuier. Si lon desire
des Edicts & des Ordonnances auec
menaces & comminations, à tout cela a esté pourueu : tant par ce qui a e-
sté ordonné que l'Edit de Remorantin seroit gardé & entretenu, que aussi par l'Edict, qui fut fait au mois de
Iuillet dernier, ou assisterent tous les

grans Seigneurs & autres perſonnages cy deſſus mentionnez . Ils diſent
qu'il ny a que trop d'Edicts & d'Ordonnances, mais elles ne ſont point
executees , diſent que tout ce Roiaume eſt emeu, que l'on n'oit parler que
de troubles & ſeditions. Les Temples
ſont rauis & ſpoliez de leurs orne-
mens , il ſe fait des meurtres & vo-
leries ſur les perſonnes Eccleſiaſtic-
ques . Tout cela n'eſt auenu , diſent
ils , que depuis ce regne , à faute de
n'auoir voulu chaſtier les ſeditieux &
Heretiques . Ce ſont des propos qui
ont quelque apparence de verité , &
meſmes quand ils procedent de perſonnes , qui ſçauent faire ſonner parmy le menu peuple , ce qui peut ſeruir à les conciter & emouuoir à quelque ſiniſtre & malheureux deſſeing .
Et afin qu'vn chacun entende la verité,& que l'inuention de tels diſcou-
reurs

eurs foit defcouuerte : Il faut examiner tout ce qui eft auenu, depuis
que la Roine a gouuerné ce Roi-
ume. Qui eft depuis que la Cou-
rone eft venue en main de noftre
eune Roy, & parangonner le tout
auec le Regne des autres Rois, &
principalement du Roy François
dernier decedé. Et de la, l'on pourra
uger que Dieu la fauorifee, luy a
affifté, & l'a fi bien conduite en la
charge qu'il luy a donnee, que fa
prudence & bonté ont plus eu d'au
torité fur les cueurs des fuiets dudit Seigneur, que vn autre n'euft
peu auoir auec l'aide de cent mil
hommes armez. En premier lieu ils
fe plaignent qu'il fe fait des affemblees, il f'en faifoit auffi du temps
du Roy François premier, & fi elles
n'eftoient fi grádes & fi defcouuer-

tes , le nombre aufſi n'eſtoit pas ſi
grand comme il eſt à ceſte heure .
Et n'eſtans par maniere de dire que
vne poignee de gens , encores ne
fut-il en ſa puiſſance,ny des Magiſtrats diligens & rigoreux,de les gar
der de ſaſſembler . Les Edicts &
Ordonnances, tant ſouuent reite-
rees du feu Roy Henry,ne les ſçeu-
rent oncq' intimider : ains au contraire , tant plus ils veirent de leur
ſang eſpãdu, tant plus il leur prinſt
enuie de ſaſſembler , & de continuer ce qu'ils auoient commencé.
Le regne du Roy François a eſté
trop plus turbulent que les autres,
tãt pour les aſſemblees que lon faiſoit en diuers endroicts auec port
d'armes,que pour vne opinion qui
fut receüe, ie ne ſçay ſur quel fondement , qu'il y euſt conſpiration

contre la personne du Roy, de la
Roine & de l'Eſtat, tellement que
le Roy, qui pour l'aage & pour ſon
bon naturel n'auoit iamais offenſé
perſonne, fut conſeillé de redou-
bler ſes gardes, & marcher de Paris à Orleans, enuironné de gens de
guerre, comme ſil euſt eſté en terre
d'ennemis. Or deuons nous beaucoup à la Roine, qui nous a deli-
urez de l'vmbre de telles Tragedies,
& que depuis que le ſceptre luy fut
baillé en main, ceſſerent au meſme
iour ces aduertiſſemens de troubles
& de coniurations. En meſme iour,
ceux que l'on auoit tenus & traittez
comme ennemis, ſe monſtrerent les
plus prompts à expoſer leurs vies
pour ſeruir noſtre Roy, & preſeruer
ce Roiaume de toute ſedition &
inconuenient. Et ſingulierement le

D ij

Roy de Nauarre, & auec luy Meffeigneurs fes freres & Coufins, Princes du fang, monftrerent bien qu'ils
eftoient de la maifon de France.
Car laiſſans tous droicts de preémi-
nence, qu'ils euffent autremét voulu pretendre, oublians toutes chofes paſſees, furét les plus prompts à
prefenter à la Roine, la charge du
Gouuernement, Se contenterent
d'auoir monftré à tout le monde la
bonne volonté qu'ils auoiét de feruir le Roy, l'ayder & fecourir de
leurs vies, en fon ieune aage.
La Roine de fa part monftra auffi
fa prudence & bonté accouftumee:
& faifant l'office de Mere, tant enuers le Roy, qu'enuers tous les fuiets, accepta la charge qui luy eftoit
offerte. Et ayant bien & fagement
recogneu les caufes de la fedition

precedente , & les inconueniens
qui en estoient auenus,& combien
tout le monde auoit porté mal-vo-
lontiers , de veoir que les Princes
du sang fussent esloignez, s'accorda
auec le Roy de Nauarre & Messeigneurs ses freres & Cousins. Con-
seruant à tous le degré que eux mesmes voulurent choisir . Ne laissa
pourtant d'honorer & retenir les
autres Princes & Seigneurs du conseil du Roy, comme ils estoient au
parauant. Et faisant aussi l'office de
Princesse saige & Chrestienne, tra-
uailla longuement à reconcilier &
reünir ceux qui estoient diuisez, &
à estaindre la memoire des querel-
es,dont les effects s'en estoient en-
suiuis, tels que lon n'en pouuoit e-
perer qu'vne capitale inimitié entre deux maisons qui en eussent at-

D iij

tiré d'autres en mefme inconuenient, & en dangier d'eftre ruinees.
Et en peu de temps fe defcouurit
par tout le Roiaume vn contente-
ment vniuerfel de ceft accord , &
de la maniere qui auoit efté prinfe
à gouuerner les affaires:fi bien qu'il
ne fuft plus queftion de tenir nombre de gens armez à l'entour de noftre ieune Roy,pour garder fa per-
fonne . Tout le monde commen-
ça à faffeurer & rendre graces à
Dieu de la paix & tranquillité qu'il
nous auoit donnee apres tant de
troubles & feditions . Ce n'eft pas
peu de chofe d'auoir en fi peu d'heu
reappaifé vne fi grande tempefte.
Ce a efté beaucoup auffi d'auoir
conferué vn chacun au degré & à
l'eftat qui luy appartient. Tellemét
que fi par cy apres quelqu'vn eftoit

fi mal confeillé,que de vouloir trou-
bler le repos de ce Roiaume , il ne
pourra pas dire qu'il ait efté reculé,
ny deietté du lieu qu'il deuoit tenir.
Il ne pourra prendre aucune occa-
fion, tant foit-elle bien palliee, qui
foudain ne foit defcouuerte calom-
nieufe, & faulfement inuentee . Et
fe trouuera (fi aucuns y en a) qu'ils
font poulfez d'autre efprit, que du
zele de la Religió, & que ce ne font
pas les affemblees, qui les offenfent,
car ils fçauent bien , que les autres
Rois n'ont peu les empefcher . Ils
fçauent bien que fil a efté autresfois difficile, il eft à prefent, peu f'en
faut, du tout impoffible: & l'execution que lon en voudroit faire par
force eft fi dágereufe, que l'on n'en
peut attédre autre iffue, qu'vne ruine & defolation . Qui fait que la
D iiij

Roine ne voulât hazarder ce qu'elle ne veut perdre, & ce qui luy touche de si pres, ne cesse iour & nuict
de chercher quelque moien, pour
auec sa seureté, & de ce qu'elle a en
main pouuoir mettre fin à ces troubles. Et ce pendant il se veoit que
sa patience a beaucoup profité, mesmes pour les assemblees. Car si bien
elle n'a peu du tout les empescher,
au-moins elle a gaigné ce poinct
qu'elles ne sont de telle qualité, que
lon les a autresfois estimees. Lon
disoit en ce temps-là, que es assemblees qui se faisoient tousiours a-
uecques les armes, lon y commet-
toit actes meschans & abomina-
bles: au-moins le croyoit-on ainsi,
& que lon y faisoit des libelles diffamatoires, lon y tenoit des propos
scandaleux & calomnieux, contre

le Roy & la Roine fa mere. De tout
cecy eft faite mention es Edicts, qui
fur ce furent publiez. Aux affemblees qui fe font prefentement, il
ny a point de port d'armes , ains
fe prefentent defarmez, prefts à fe
faire tuer pour leur Religion. Comme lon a veu depuis huict mois,
qu'en plufieurs lieux il en y a eu
beaucoup de meurtris par le menu
populaire excité, lon fçait bien par
qui. Et fi n'a lon point veu qu'ils
ayent prins les armes pour fe reuen-
cher, ny publiquement, ny fecrette-
ment. Et n'en ont fait autre pourfui-
te, que d'implorer la main du Ma-
giftrat & de la Iuftice. Et pour le
moins faut-il confeffer, que fi parmy eux il s'en eft trouué quelqu'vn
qui ait fait acte feditieux , comme
il eft mal-aifé de contenir vn popu-

laire, & le réger si bien, qu'il ny sur-
uienne quelque desordre, les incō-
ueniens qui sont auenus, de l'autre
costé, ont surpassé & en nombre &
en temerité, & en cruauté . Et cecy
ne soit dit pour approuuer ce qui
est mal fait, ny pour excuser la faute des vns par le vice des autres :
ains en sera faite la poursuite, & la
punition telle qu'il est requis pour
l'exemple , à ce qu'on ny retourne
plus. Nous ne sommes donc pas en
pires termes , que nous soulions e-
stre, comme lon dict : ains ne pouuons nier que ce ne soit beaucoup
auancé , que par vne seule parole,
ceux qui faisoiēt la quatriesme partie de ce Roiaume , & qui auoient
les armes en main , ne s'aident à
present d'autres armes , que de tres-
humble priere. Et en lieu de mena-

cés qu'ils fouloient faire, au-moins
à ce que lon difoit, ils fe foumettét à
toute efpece de fubiection, voire de
mauuais traictement, pourueu que
lon leur laiffe la liberté de leurs
confciences . C'eft auffi beaucoup
gaigné que aux affemblees, qui fe
font auiourdhuy, il ne fe parle point
de confpirer contre le Roy, ny la
Roine : mais au contraire au fceu
& à la veüe d'vn chacun, lon prie
Dieu auec effufion de larmes pour
noftre ieune Roy, pour la Roine fa
mere, pour tous Meffeigneurs les
Princes du fang , & pour tous autres Seigneurs & Magiftrats . Aux
affemblees de ce temps la (au-moins
felon que lon difoit) lon parloit in-
iurieufement contre la Meffe, contre le Pape, & contre les Euefques.
Il leur a efté defendu de plus vfer

d'aucune espece de maledicēce cōtre personne, ne contre les Ordonnances de l'Eglise, à quoy ils ont in-
continent obey. Ils s'estoient saisis
des Temples , irritez (comme lon
dit) de ce que lon n'auoit escouté
leurs Ministres, & conferé auec eux
de leur doctrine. Mais ils les ont in-
continent rendus, auec reparation
de tout le dommage qui s'est trouué
y auoir esté fait : ils ont porté plus
d'honneur & de reuerence au seul
signet de la Roine, que lon ne faisoit, il y a deux ans à toute la gen-
darmerie de ce Roiaume . Quoy
qu'il en soit (dit-on) ils s'assemblent.
Ils s'assemblent voiremēt : mais c'est
autrement qu'ils ne souloient faire,
quand on les a voulu traiter rigou-
reusemēt . Il ny a point de port d'armes, il ny a que tel nombre que lon

veut preſcrire, ils ne prennent aucun lieu de leur authorité, ſils le
prennent, ils le delaiſſent ſoudain
que lon leur commande. Et ny a
point de cóſpiration contre la perſonne du Roy, ne contre ſes droicts,
il ny a point de maledicence, de libelles diffamatoires, ny apparence
aucune de ſedition, ſinon entant
qu'ils ſe ſeparent de nous, & qu'ils
demandent eſtre inſtruits. Et puis
que la faute, dont ils ſont accuſez,
eſt en la conſcience, & non au corps
ny aux biens; Ils pretendent qu'ils
doiuent eſtre reduits & ramenez
par la parole de Dieu, & non par la
force, ny par la rigueur des loix de
ce monde. Ils ſe preſentent à ouïr
ce qui leur ſera annoncé, à corriger
leurs erreurs, ſils ſont deüement
conuaincus d'auoir erré & failly.

Or ce n'eſt pas à la Roine à mon-
ter en chaire & leur preſcher , c'eſt
aux Eueſques qui ont charge de les
inſtruire . Que les Eueſques donc-
ques montent en chaire , comme
ils doiuent , & comme bons & fideles Miniſtres de Dieu,nous preſchent ſyncerement ſa parole . Si
d'vn petit nombre de Miniſtres po-
ures incogneus,& qui ne preſchent
par maniere de dire, qu'a la deſro-
bee,& au dangier de leur vie expo-
ſee ſouuent à la fureur du peuple.
Si de ceux-la ; à qui il n'eſt permis
ne toleré de preſcher dedans les E-
gliſes , ny es villes & aux lieux ou
lon a accouſtumé de ſ'aſſembler,lon
craint qu'ils attirent beaucoup de
gens à leur opinion.Pourquoy eſt-
ce que les Eueſques & autres , qui
ont charge d'ames, qui ſont receus

pour legitimes Miniſtres, qui ont
l'authorité de conuoquer le peuple
à toutes heures qu'ils veulent, qui
ont la liberté de preſcher, voire leur
a eſté expreſſement commandé de
Dieu. Pourquoy eſt-ce qu'ils ne dó-
nĕt telle eſperáce de leur labeur, de
leur vigiláce, de leur bon zele, qu'ils
puiſſent retenir ceux qui ſont encores en leur obeiſſance, & ramener
les autres qui s'en ſont departis? S'ils
déſirent le ſupport des Magiſtrats
de la iuſtice, il leur eſt preſenté. Et
ne faut point qu'ils s'excuſent ſur
la force. Car le Roy à l'exemple de
ſes predeceſſeurs, les a prins en ſa
protection, s'eſt declaré defenſeur
de leurs perſonnes & de leurs biés:
tellement que ſi pour le faict de la
Religion quelqu'vn mal conſeillé
ſe veut tant oublier, que de faire for-

ce & violence aucune . Le Roy se
tient tant asseuré de l'amour, de l'o-
beissance & de la fidelité de ses sui-
iets , qu'il peut promettre d'y remedier promptement , sans y em-
ploier autres armes , que son seul
nom porté par le moindre de ses
seruiteurs, auecques vne verge blā-
che en la main . Mais si ceux dont
lon se plainct, n'vsent d'autre force
que de demander la pasture qu'ils
disent leur estre deüe pour le salut
de leurs ames : il ny peut faire autre chose , que d'exhorter les Euesques à faire eux-mesmes, & person-
nellement leur deuoir , & à tenir
main , à ce que la parole de Dieu,
soit preschee par eux , à ceux qui la
demandent . Il peut contraindre,
& contraindra toussours ses suiets,
à ouïr ceux qui la prescheront.

Ceste

Ceste maniere de proceder ne peut
estre dicte conniuence ne dissimu-
lation : & qui en voudroit parler
autrement, il seroit ou maling, ou
trop delicat ignorant. Lon ne dira pas, comme dessus a esté dict,
que Theodose, & les bons & Catholiques Empereurs, ayent iamais
fauorisé les Arriens, Macedoniens,
& Nouatiens. Et toutesfois estans
epouuantez du grand nombre de
ceux qui estoient infectez de ces
sectes, ils ont esté contraincts de
les tolerer quelquesfois dans les
villes, quelquesfois dehors. Et si le
bon zele par fois les a emeus à faire des ordonnances au contraire,
ils ne les ont pas voulu excuter. Et
se sont contentez de les intimider
par menaces & comminations, &
d'exhorter les Euesques catholiques,

E

à l'aider des armes , que Dieu leur
auoit baillees en main , qui sont sa
sainte Parole . Auec la mesme prudence, l'Empereur Charles a receu
en sa bonne grace , les Princes &
villes Protestantes, & n'a laissé pour
la diuersité de la Religion, de les
honorer & estimer ses bons & fideles suiets . La Roine d'Escosse,
iadis nostre Roine , Princesse sage,
vertueuse & Catholique, conseillee
par personnes sages , & autant que
nuls autres, ennemis des opinions
dont nous sommes en different.
Toutesfois estant arriuee en son
Roiaume , a bien sceu cognoistre,
quel dangier il y auoit de remuer a-
uec les armes , le faict de la Religion . Qui sera celuy tant maling, qui voudra accuser ceste bonne Princesse, d'auoir failly, & qui ne

confesse qu'elle s'est sagement gou-
uernee, selon la necessitè des affaires ? Or nous ne sommes pas si a-
uant, que ces exemples nous con-
uiennent du tout : car la Roine a
fait ce qu'elle a peu , pour empescher ces troubles & les assemblees,
dont il est question . Et sera tousiours preste & appareillee d'ouir vn
chacun : acceptera volontiers de
meilleurs moiens, si lon les luy pre-
sente , si aucuns en y a , pouruueu
que lon ne mette son Roiaume en
dangier ny en proye, de ceux qui se
voudroient aggrandir & auantager,
soubs pretexte de la Religion. Et fera ladite Dame cognoistre à vn chacun, que toute son intention & ses
actions ne tendent que à deux fins.
La premiere, à conseruer l'honneur
de Dieu, & le reuacher autant qu'il

luy plaira luy en donner la force &
le moien, contre ceux qui voudrõt,
tant soit peu, diminuer sa gloire, &
le seruice & honneur que nous luy
deuons rendre : & espere de faire si
bien instruire le Roy , qu'il fera à
iamais tout ce qui appartient à vn
bon & Chrestien Roy & Ministre
de Dieu , & regnera en telle sorte ,
qu'il sera le defenseur, le protecteur
& Pere de son peuple . L'autre fin
ou elle tend, c'est à reünir ses suiets,
les soulager autant cõme elle pourra, & restaurer les forces de ce Roiaume qu'elle a trouuees , pour les
guerres si longuement continuees,
grandemét affoiblies: mais non pas
tant (graces à Dieu) que lon ne les
puisse bié tost remettre en leur premier estat, & en recueillir promptement autãt qu'il en sera besoin, pour

le defendre contre ceux qui le voudroient aſſaillir. A quoy noſtre Dieu
nous aidera, noſtre peuple côtinue-
ra en l'amour, fidelité & obeiſſance
qu'il a accouſtumé de rendre à ſon
Roy, & naturel Seigneur. Vn chacũ
priera Dieu pour noſtre ieune Roy,
qui eſt encores vn petit vaiſſeau: mais
par les dons & infinies graces, que
Dieu a miſes en luy : nous pouuons
certainement croire, qu'il l'a choiſy
& eſleu pour en faire vn chef-d'œu-
ure, & pour ſon Miniſtre à ſ'en ſeruir
à choſes grãdes & dignes d'vn Prince, grãd & vray ſucceſſeur de Char-
lemaigne, & d'autres Rois ſes predeceſſeurs, deſquels la memoire du-
rera à iamais, pour auoir eſté de leur
temps craignans Dieu, bons, ſaiges
& victorieux.   FIN.